U0725026

赵氏武术

【高中版】

主编　段红梅

重庆大学出版社

图书在版编目（CIP）数据

赵氏武术：高中版 / 段红梅主编. -- 重庆：重庆
大学出版社, 2021.6
ISBN 978-7-5689-2666-9

Ⅰ.①赵… Ⅱ.①段… Ⅲ.①武术—重庆—高中—教
材 Ⅳ.①G634.961

中国版本图书馆CIP数据核字（2021）第078625号

赵氏武术（高中版）
ZHAOSHI WUSHU（GAOZHONG BAN）

主编 段红梅
策划编辑 唐启秀

责任编辑：赵 晟　　版式设计：唐启秀
责任校对：王 倩　　责任印制：张 策

*

重庆大学出版社出版发行
出版人：饶帮华
社址：重庆市沙坪坝区大学城西路21号
邮编：401331
电话：（023）88617190　88617185（中小学）
传真：（023）88617186　88617166
网址：http://www.cqup.com.cn
邮箱：fxk@cqup.com.cn（营销中心）
全国新华书店经销
重庆长虹印务有限公司印刷

*

开本：890mm×1240mm　1/32　印张：2.5　字数：61千
2021年6月第1版　　2021年6月第1次印刷
ISBN 978-7-5689-2666-9　定价：25.00元

本书编委会

主　　编：段红梅

主　　审：赵幼生

副主编：汪天彬　田志忠　孙　琴

　　　　李　黎　陈丹萍

参　　编：谢代明　卜玲芝　刘文华

　　　　高凯飞　刘正科　蒋光伟

　　　　李　龙　杜代富　余健强

　　　　夏绪啍　袁福奇

段红梅，女，中国共产党党员，中学高级教师，现为重庆市南华中学党委书记、校长。渝北区第18届人大代表，渝北区第十四次党代会代表，渝北区优秀教师，渝北区三八红旗手，重庆市优秀教师，市级骨干教师，全国教育科研优秀教师。

长期从事教学管理与学校体育的教研工作。主持修改、优化衔接教材18套；主持编写艺体类特色校本课程12门，其中"绳彩飞扬""创新发明技法"被市教委评为普通高中精品选修课程。积极地与相关高校合作进行传统武术、格斗运动及各类民族传统体育项目的科学研究工作，取得了《"大中小幼"一体化模式构建传统武术》等优秀教研成果。

先后获得渝北区优秀教师、十佳校长，全国教育科研优秀教师等荣誉20余项。2019年，作为重庆市唯一一名中学校长被推选参加教育部第63期全国高中骨干校长研修班。

　　重庆市南华中学校合作开展了重庆市级非物质文化遗产"赵氏武术"大中小幼一体化课程实践，在大学、高中、初中及小学各级学校进行教学实践后取得了良好的效果。特别是赵氏武术高中阶段，立足于高中学生特点，围绕技能传习与文化传承这两大主题进行的"赵氏武术"教学，既通过赵氏武术技能手段锻炼了学生的身体，强化了学生的防身技能，同时又通过赵子虬武侠文化精神培养了师生立德树人的思想理念。赵氏武术的高中版，是"赵氏武术"大中小幼一体化课程实践中学阶段教学实践成果的总结，同时也是传统武术在高中阶段传承的重要指导手册。

　　本书共有四章及一个附录。第一章是赵氏武术文化内容的讲解，介绍了重庆武术名家赵子虬的生平，并围绕赵子虬武侠精神与高中学生德育教育展开了分析，为如何利用传统武术来进行高中德育教育提供了指导。第二章为赵氏武术之中的巴渝武术操与简单套路七星伴月的内容介绍。第三章是赵氏武术技击方法的讲解，也是本书的重点内容，根据高中学生年龄及未来发展的需求导向，着重进行了赵氏武术之中实用性极强的技击格斗动作介绍，让学生掌握一定的自卫防身技能。

第四章是武术学习过程中常见的肢体损伤及处理方法的介绍。本书的附录部分，是赵氏武术高中阶段课程内容设计与考核评价方式的指导，主要分为赵氏武术课程教学总体目标与赵氏武术考核内容及评价两个部分，为相关教辅人员在高中阶段开展赵氏武术及其他传统武术教学活动提供指导与借鉴。

目 录

第一章

赵子虬武侠精神与高中德育教育

第一节 赵子虬生平

赵子虬（1902—1996），四川广安东岳乡人，我国著名武术家，峨眉武术及巴渝武术最具代表性的人物之一，渝北武术文化奠基人。赵子虬曾任全国武术协会委员，四川省重庆市武术协会副主席，江北县武术协会主席，老年体协主席，重庆市十一届人大代表，渝北区一、二、三届政协委员，六、七届政协常委。1995年被国家体委命名为全国十大武术名师之一。赵子虬自幼习武，在四川地区广拜名师学习峨眉武术技艺，民国时期在中央国术馆、湖北等学校长期从事武术活动，抗日战争爆发后内迁重庆，定居江北县，任江北女子中学、江北三中语文教师并传授武术技艺。1951年6月，他赴五保乡参加土改工作时，在下梁沱观音寺庙外的长江边一岩石洞内，生擒了暗藏其中的"反共九路军"土匪头目憎广洲，用自身的武术技艺为捍卫新中国的安全作了一份贡献。1976年，他调任江北县医院任骨科医生兼县体委武术教练，不懈地培养武术新苗，训练骨干，近1000人，为江北县在1987年被四川省命名为第一个武术之乡及在1992年被任命为全国首批武术之乡作出了卓越的贡献。1979年，他参加全国武术工作会议，受到了相关领导的接见。赵子虬一生对中国文学、历史、医学、书法、绘画都有很深的研究。1978年后，他广搜武术遗产，伏案写作，编写了大量专著史料。1984年和1986年两次被国家体委评为全国武术遗产挖掘整理先进个人，1986年被重庆市评为"山城健康老人"，四川省"巴蜀健康老人"。1988年被四川省授予"老有所为精英奖"，荣获中国国际武术节"武术贡献奖"。

第二节　赵子虬精神内涵剖析

1. 爱国主义精神

爱国主义传统源远流长，是中华民族发展的不竭动力。自古以来，爱国主义精神就是中国武术侠义精神的重要组成部分，从战国时期的"荆轲刺秦王"开始，爱国主义精神就一直伴随着武术文化的发展，特别是在近代西方列强及日本帝国主义对中国进行侵略的百年历史中，大批的习武之人投身于抵御外强的斗争之中，表现出了深厚的爱国主义情怀。在中国的武侠小说中，就有"侠之大者，为国为民"的主体思想，把武侠与家国大事紧密联系在一起。爱国主义精神一直是中国传统武术武德文化价值体系中的主线内容，许多知名武术家所表现出来的武侠精神都与爱国主义有着重要的联系，如霍元甲、蔡龙云等，他们既是武侠知名人物，又是有着崇高爱国主义情操的重要典范。

赵子虬作为乱世中走出来的武术家，自身也表现出了极强的爱国主义精神。赵子虬的爱国主义精神主要体现在两个方面：第一，积极投身于新中国的建设。新中国成立后出现了一段特殊时期，面临百废待兴的局面，大量有志之士在科技、工业、教育、农业、经济等领域把拳拳爱国之心用行动进行了表达。赵子虬和许多武术家一样，践行了一个习武之人应具备的爱国主义精神情怀，把大量时间、精力投入教育事业，充分发挥自己的技能特长，为江北县的武术、教育事业发展奠定了重要基础。第二，用武术技能捍卫了新中国的安全。中国各历史阶段的武侠人物，都利用自己的武术技能抵御外敌、保家卫国。新中国成立之初，还残留着潜伏的特务、土匪等反动势力，威胁着新中国的政权。1951年6月，赵子虬赴五保乡参加土改工作，面对反动匪首憎广洲，毫不退缩，并依靠自己高超的武艺制服匪首，用实际行动保护了地方的安定。赵子虬生擒反动土匪头目这一事迹，是其武术生涯中浓墨重彩的一笔，更是一名武术家爱国主义精神在实践中最好的体现。

2. 爱岗敬业精神

赵子虬被授予"全国武术十大名师"称号，是对他一生致力于武术传播的最高嘉奖，也是对赵子虬对武术发展所作贡献的一种肯定。赵子虬的一生，经历了几次重要的时代变革，横跨了清朝、民国、抗日战争、新中国成立与改革开放等几个特殊时期，但是无论在任何时候，赵子虬都坚守着自己的武术教育事业。赵子虬的一生对重庆武术建设、峨眉武术体系甚至是传统武术的发展都作出了卓越的贡献。

赵子虬来到重庆后，传拳授艺，带动了当地武术事业的快速发展，最为突出的就是当时的四川省江北县，在赵子虬等老一辈武术家及政府相关领导的长期努力下，江北县成功入选全国首批武术之乡，为江北武术文化的发展打下了坚实的基础。赵子虬既是一名武术家，同时又是一名武术教育工作者与传播者。他一生培养了众多弟子，这些弟子为后来的重庆武术乃至全国的武术事业发展作出了重要贡献。赵子虬将毕生所学毫无保留地进行传授，这也是以赵氏武术为代表的重庆峨眉武术体系得以传承的关键。在 20 世纪 80 年代，国家体委等部门开始了武术遗产的挖掘与整理工作，四川省作为武术大省，拳种流派众多、拳械体系丰富，因此在四川地区进行挖掘整理工作的难度极大，但是赵子虬仍然以高龄参与其中，为峨眉武术的挖掘整理与保护贡献了力量。赵子虬孜孜不倦地进行着武术事业的耕耘，是爱岗敬业精神的最好表现，这种爱岗敬业精神也是赵子虬武侠精神的一种直接反映。赵子虬从新中国成立伊始，就把一生奉献给了武术事业，特别是在耄耋之年还为地方事业发展尽自己的一份力量，将爱岗敬业精神做了极好的诠释。

3. 与时俱进的创新精神

传统武术作为中华文化的瑰宝，在不同历史时期进行文化传承与技能传习的过程中，其自身的攻防格斗技艺与文化内涵都会随着作为载体的个体进行社会适应而发生改变，因此作为武术传承载体的武侠人物根据时代变化对传统武术进行改造，是保证其拳种生存与发展的重要条件。另一方面，中华武术具有社会历史性的文化内容，因此武术的实体及文化内容会随着时代的变迁而发生改变。武术的发展需要符合时代与社会的需求，因此作为武术传承与传播者的武术家们自身就必须具有博大的胸怀与敢于打破门规芥蒂来接受新事物的思想，对本门派武术进行改良和创新。赵子虬把自身所习练的峨眉武术在重庆地区进行广泛传播，在发展与传承过程中不断吸收重庆地方武术文化的同时，对峨眉武术体系进行了创新与改良，从而形成了今天的市级非遗名录"赵氏武术"。赵子虬最为典型的与时俱进的创新精神是对传统武术的改良与创新。赵氏武术在保持原有峨眉武术技击与文化本源的基础上，对拳械体系进行了融合与创新，使其更加符合当前武术运动的发展规律，并更加契合重庆地方的文化。赵子虬还在武术及教育工作中表现出了与时俱进的创新精神。作为一名从旧时代走出来的老武术家，能冲破禁锢，与时俱进，对传统武术文化进行改造，极大地展现出一名武术家的博大胸怀与勇于创新的精神。与时俱进的创新精神是一个民族、一个国家发展的不竭动力，新中国从站起来、富起来再到现在的强起来，其核心就是坚持与时俱进的创新精神。峨眉武术能在重庆地区得到有效保护与广泛传播，并成为渝北武术文化的重要支撑，是赵子虬与时俱进的创新精神对传统武术进行传承的典范，这也使得传统武术在新时代焕发出了更强的生命力。

第三节 武侠人物与高中生德育教育

　　高中是人的世界观、人生观形成的重要阶段，因此高中阶段的德育教育具有不可忽视的作用。中学德育教育具有多样性、多元化的特点，需要从高中阶段学生的心理及认知水平入手进行思想教育。传统武术是在中国传统的儒、释、道等文化基础上发展而来的，在漫长的历史长河中，更是吸收了众多文化的精髓，形成了特有的武术文化内容，最为典型的代表就是特有的实战技击方式与武德行为操守。武德内容是传统武术的文化精髓，这也是其他西方体育项目所不具备的文化内涵。武德是一种文化形态，需要以人为载体进行与武德相关的活动，而武侠人物则是武德活动最核心的主体。武侠人物的作用对高中阶段学生有着极为特殊的影响，甚至可以决定其未来思想的方向。因此在高中的德育教育中，可以很好地利用武侠人物这一特殊载体，视武侠人物为高中生德育教育的一个实体偶像人物，通过对他们事迹的介绍，把武侠人物在社会活动中表现出来的武侠精神进行传播，从而形成高中生德育教育的实质性内容。赵子虬是重庆地区乃至全国闻名的武术家，是峨眉武侠人物最为典型的代表，把赵子虬武侠形象融入德育教育，对于重庆本地学生来说，有一种特殊的归属感。这样更加便于把其优秀的武侠精神思想向学生进行传授。赵子虬具有精湛的武术技艺，同时更有爱国主义、爱岗敬业、与时俱进、大胆创新的高尚武侠精神，这些都是对高中阶段学生进行德育教育的最好内容。

同时，利用武侠人物对高中生进行德育教育，有助于提升学生对德育内容的兴趣，是德育教育手段的创新。

爱国主义教育是高中阶段学生德育教育中最为重要的内容，爱岗敬业精神是潜移默化引导学生积极向上、热爱学习、热爱生活的重要手段，而与时俱进、大胆创新则是学习生涯必备的核心素质，特别是众多学生在高中毕业后即将走进大学校园，探索更加广阔的科学世界，更加需要创新精神。在高中阶段武术教学体系中，除了技能的传习之外，更有文化的传承。把赵子虬武侠精神作为高中学生德育教育的一部分，既是武术文化传承的重要方式，更是对德育教育途径的一种创新与加强。

第二章

赵氏武术套路

第一节 巴渝武术操

　　巴渝武术操由重庆地区知名武术家、原渝北区体育局局长、赵氏武术主要传承人赵幼生创编。该操糅合了赵幼生几十年的武术修为，以《易经》《内功经》《纳卦》《神运》为基础，吸收了八卦、八极、通臂、太极以及巴渝民间传统武术套路等元素，并结合了中医经络学和养生之道。该操在保持传统广播体操特点的同时，引入了武术中的踢、打、摔、拿、巴、挂、挤、靠、顶等实战技击法，突出表现了巴渝武术中的手型、步型、腿法、身法、眼法，结合"健康、欢乐、时尚"的时代特征，技击与健身并重，具有较好的防病抗病、健身益气的效果。

　　巴渝武术操共有十组动作，由起式、顶肘刁手、搭肩压肘、绕步劈拳、转身顶肘、抓肩顶膝、缠腕勾踢、跳步冲拳、转身靠手、收式组成，并配以动感、优美的音乐。整套武术操编排结构简明、动作新颖、形意通融、刚柔相济，是一套特点突出、实用易学的健身武术操。

　　将传统武术进行体操化变革，是传播及创新传统武术的路径之一，特别是在中小学，武术体操化更符合中小学整体性教育模式及体育教学的需求导向。把巴渝武术操作为教学内容，可以让学生的身体在繁重的学业中得到锻炼，同时在学习过程中还能深入了解赵氏武术。本节动作示范：周林丰、张熙。

第一式 起式

动作说明

1.并步站立,两手自然下垂置于大腿外侧,眼睛平视前方(图1-1)。

2.左脚向左侧跨步,两手由两侧上举至头顶后下按至腹前(图1-2、图1-3)。

3.左手经右手上方穿掌并向左摆掌,同时身体向左转90度成右虚步立掌。然后右手经左手上方穿掌并向右摆掌,同时身体向右转180度成左虚步立掌(图1-4、图1-5)。

4.左手先下撩至左侧后两手同时上举至头顶,再向下按至腹前,同时收左脚至右脚成并步,两手下放于身体两侧(图1-6)。

图 1-1

图 1-2

图 1-3

图 1-4

图 1-5

图 1-6

第二式 顶肘刁手

1. 并步站立，左脚向左侧跨步，同时左手向左顶肘，接着右手向右顶肘（图 2-1—图 2-3）。

2. 左手向外划掌绕立圆一圈立掌后向左前刁手，右手向外划掌绕立圆一圈立掌后向右前刁手。接着两手向外划弧至胸前后向左右两侧顶肘，同时收左脚至右脚成并步站立双顶肘（图 2-4—图 2-8）。

3. 两手向外划掌至胸前交叉挑掌（右手外左手内），接着两手同时向前刁手，再向腰间按掌至髋处（图 2-9—图 2-11）。

4. 两手向左右两侧提手，接着向上挑掌，再向下勾手，手与肩保持同高，最后并步收式（图 2-12—图 2-15）。

5. 右面动作按相反方向重复做一遍。

图 2-1

图 2-2

图 2-3

图 2-4

图 2-5

图 2-6

图 2-7

图 2-8

图 2-9

图 2-10

图 2-11

图 2-12

图 2-13

图 2-14

图 2-15

第三式　搭肩压肘

动作说明

1. 并步站立，右手扒左肩，左手向外摆拳，同时右脚向左脚后插步，身体重心下蹲（图 3-1、图 3-2）。

2. 左手向上撩拳至头顶上方后向下压肘，同时左脚向左侧上步成马步，接着身体向左转 90 度成左弓步，右手从腰间向前方插掌，左手外旋向上架拳（图 3-3、图 3-4）。

3. 右脚上步点地成右虚步，右手向右上方格拳，左手向左下方格拳成虚步亮拳，接着右脚退步成左弓步，右手经右后向前撩掌至身体前方，左手下击右手前臂成弓步撩掌（图3-5、图3-6）。

4.左手顺势向前下方剔拳，右手收至腰间抱拳，身体重心后坐成左虚步，接着身体右转，两手侧平举，左脚脚尖点地，右脚直立，重心在右脚上，接着收左脚，两手下放至身体两侧垂直（图3-7—图3-9）。

5.右面动作按相反方向重复做一遍。

图 3-1

图 3-2

图 3-3

图 3-4

图 3-5

图 3-6

图 3-7

图 3-8

图 3-9

第四式　绕步劈拳

1. 并步站立，左脚向前摆步，同时左手向左前伐刁手，重心略降（图 4-1、图 4-2）。

2. 右脚绕步上左脚的前方成右弓步，右手由后经头上方向前方劈拳至肩高处，同时左手翻掌向上握击右手手腕成右弓步劈拳（图 4-3）。

3. 身体向左后转，右弓步变左弓步，右手顺势向前撩掌，同时左手向身后摆掌（图 4-4）。

4. 右脚向身体的右前方摆步，同时右手向右前方刁手，接着左脚绕步至右脚的前方成左弓步，左手由后经头上方向前方劈拳至肩高处，同时右手翻掌向上握击左手手腕成左弓步劈拳（图 4-5、图 4-6）。

5. 右手向右平顶肘，左手向左冲拳，重心右移成右高弓步，接着两手打开侧平举，右脚直立，左脚脚尖点地，接着收左脚至右脚成并步站立，两手下放自然垂直（图 4-7—图 4-9）。

6. 右面动作按相反的方向重复做一遍。

　　图 4-1　　　　　　　图 4-2　　　　　　　图 4-3

图 4-4

图 4-5

图 4-6

图 4-7

图 4-8

图 4-9

第五式　转身顶肘

动作说明

1. 并步站立，左脚向左侧跨出成左弓步，身体向左转 90 度，左手上举架拳于头上方，同时右手盘肘于胸前向左击肘（图 5-1、图 5-2）。

2. 左手向下劈拳，与肩平，右手收至腰间抱拳，身体向右转 90 度，成马步左劈拳，接着身体向左后转 180 度，右手由后经头上方再向前直臂劈拳，左手收回至腰间抱拳，成歇步右劈拳（图 5-3、图 5-4）。

3. 身体向右后转 180 度，同时左手盘肘平击于胸间，右手收回至腰间，成马步左摆肘图（图 5-5）。

4. 身体向左转 90 度，右手从腰间向上勾拳，左手平肘于胸前不变，成左弓步勾拳，接着身体右转 90 度，两手侧平举，重心在右脚，左脚脚尖点地，接着收左脚并步站立，两手下垂（图 5-6—图 5-8）。

5. 右面动作按相反的方向重复做一遍。

图 5-1

图 5-2

图 5-3

图 5-4

图 5-5

图 5-6

图 5-7

图 5-8

第六式　抓肩顶膝

动作说明

1. 并步站立，左脚向前上步，两手从腰间向前上方伸掌，然后两手向下向后抓手至腰后两侧，右脚向前上顶膝（图 6-1—图 6-3）。

2. 右脚向后落脚点地，右手从腰间向前冲拳，左手格架于左肩处，接着左脚退步，至右脚处并步站立，两手收至身体两侧下垂（图 6-4、图 6-5）。

3. 右脚向前上步，两手从腰间向前上方伸掌，接着两手向身后抓手至腰后两侧，左脚向前上顶膝（图6-6、图6-7）。

4. 左脚向后落脚点地，同时左手从腰间向前冲拳，右手格架于右肩处，重心在右脚，接着右脚退步，至左脚处并步站立，两手收至身体两侧下垂（图6-8、图6-9）。

5. 左脚向左侧跨步，两手向上平举，掌心向上，接着右脚击步左脚，同时左脚向左侧移步，两手由两侧上举后再向下按掌至身体两髋处伐拳，重心下蹲成马步，接着身体起立同时向左转90度，右手向前方冲拳，左手立肘格架于左肩处，左脚直立，右脚点地（图6-10—图6-12）。

6. 身体右转，两手平举，左脚击步右脚，右脚向右侧移步，两手由两侧向上举后再向下按掌至身体两髋处伐拳，重心下降成马步，接着身体起立向右转90度，同时左手向前冲拳，右手立肘格架于右肩处，右脚直立，左脚点地，接着身体左转至正面，收左脚至右脚处并步站立，两手收至身体两侧下垂（图6-13—图6-15）。

7. 后面动作按相反的方向重复做一遍。（注：动作1-9不变，从动作10开始按相反方向做。）

图6-1

图6-2

图6-3

图 6-4

图 6-5

图 6-6

图 6-7

图 6-8

图 6-9

图 6-10

图 6-11

图 6-12

图 6-13

图 6-14

图 6-15

第七式　缠腕勾踢

动作说明

1.并步站立,双手举至头顶,接着左手拍击右手手腕,同时提左脚。

然后身体向右转90度，同时右脚跳起腾空并向后提脚，左脚迅速落地，接着右手由上向下缠腕并收至右腰间，左手搭腕收至右腰间，同时右脚向前勾踢，高于左膝。然后右脚落地震脚，重心下蹲，两手交叉握拳于腹前（左手上右手下），接着身体起立，重心向上提起，左脚向左侧踹，同时左手向左侧踹方向弹拳，右手向右外上方格挡拳，然后左脚落地震脚，重心下蹲，两手收至腹前交叉握拳（左手下右手上），接着身体重心提起，右脚向右侧踹，右手向右侧踹方向弹拳，左手向左外上方格挡拳，接着右脚落地并步直立，两手下放至身体两侧（图7-1—图7-5）。

2. 两手举至头顶，右手拍击左手手腕，同时提右脚，接着身体左转90度，同时左脚跳起腾空后提脚，右脚落地，左手由上向下缠腕并收至左腰间，右手搭腕收至左腰间，同时左脚向前勾踢，高于右膝。然后左脚落地震脚，重心下蹲，两手交叉握拳于腹前（左手下右手上），接着身体起立，重心向上提起，右脚向右侧踹，右手向右侧踹方向弹拳，左手向左外上方格挡拳，然后右脚落地震脚，重心下蹲，两手收至腹前交叉握拳（左手上右手下），接着身体起立，重心向上提起，左脚向左侧踹，左手向左侧踹方向弹拳，右手向右外上方格挡拳（图7-6—图7-9）。

3. 两手举至头顶，右手拍击左手手腕，同时提右脚，接着身体左转90度，同时左脚跳起腾空后提脚，右脚落地，左手由上向下缠腕收至左腰间，右手搭腕收至左腰间，同时左脚向前勾踢，高于右膝。然后左脚落地震脚，重心下蹲，两手交叉握拳于腹前（左手下右手上），接着身体起立，重心向上提起，右脚向右侧踹，右手向右侧踹方向弹拳，左手向左外上方格挡拳，然后右脚落地震脚，重心下蹲，两手收至腹前交叉握拳（左手上右手下），接着身体起立，重心向上提起，左脚向左侧踹腿，左手向左侧踹方向弹拳，右手向右外上方格挡拳（图7-10—图7-13）。

4. 双手举至头顶，左手拍击右手手腕，同时提左脚，接着身体向右转90度，同时右脚跳起腾空向后提脚，左脚迅速落地。然后右手由上向下缠腕收至右腰间，左手搭腕同收至右腰间，同时右脚向前勾踢，高于左膝。然后右脚落地震脚，重心下蹲，两手于腹前交叉握拳（左手上右手下），接着身体起立，重心向上提起，左脚向左侧踹，左手向左侧踹方向弹拳，右手向右外上方格挡拳，然后左脚落地震脚，重心下蹲，两手收至腹前交叉握拳（左手下右手上），接着身体起立，重心向上提起，右脚向右侧踹，右手向右侧踹方向弹拳，左手向左外上方格挡拳，然后右脚落地并步直立，两手下放至身体两侧（图7-14—图7-18）。（注：动作1—5与动作14—18相同，动作6—9与动作10—13相同。）

图 7-1

图 7-2

图 7-3

图 7-4

图 7-5

图 7-6

图 7-7

图 7-8

图 7-9

图 7-10

图 7-11

图 7-12

图 7-13

图 7-14

图 7-15

图 7-16

图 7-17

图 7-18

第八式　跳步冲拳

1. 并步站立，两手握拳举至胸前方，左前右后，高于颌，同时左脚向前，右脚向后跳步，成站立步格斗式。接着右脚向前左脚向后交叉跳步，两手握拳前后交换，右前左后，然后左脚向前右脚向后交叉跳步，两手握拳前后交换，左前右后，接着右脚向前左脚向后交叉跳步，两手握拳前后交换，右前左后（图8-1—图8-5）。

2. 右脚收至站立时的位置，重心下降，腿微蹲，左脚向左侧点步，同时左手向前冲拳，右手立肘于右肩处，接着收左脚于右脚处，重心下降，腿微蹲，右脚向右侧直立点步，同时冲右拳，左手收回立肘于左肩处（图8-6、图8-7）。

3. 两脚跳步成马步，同时两手向外下方摆拳至身体两侧，接着两脚跳步成并步站立，两手握拳收于身体两侧，然后两脚再跳步成马步，同时两手向外上方格拳，接着两脚跳步成并步站立，两手向内经胸前下放至身体两侧（图8-8—图8-11）。

4. 左脚外摆提膝，右脚直立跳步，左手向左侧上方撩拳至肩处，右手屈肘抬至右肩处。然后落左脚并步站立，两手下放至身体两侧，接着右脚外摆提膝，左脚直立跳步，右手向右侧上方撩拳至肩处，左手屈肘抬至左肩处，然后落右脚并步站立，两手变掌下放至身体两侧（图8-12—图8-14）。

图8-1

图8-2

图8-3

图 8-4

图 8-5

图 8-6

图 8-7

图 8-8

图 8-9

图 8-10

图 8-11

图 8-12

图 8-13

图 8-14

第九式　转身靠手

1. 两人并步站立朝向正前方，手自然下垂，目视前方（注：双方可平行也可前后站立）。接着两手握拳一人向左一人向右跳转90度面对面，成马步架拳，两人相距一臂，同时向左转90度成左弓步，右手向斜前下方摆拳，两手前臂相靠，左手向左后侧轻摆（图9-1—图9-3）。

2. 重心移至左脚，右脚上步向前点地，成右高虚步，同时右手向右斜上方摆拳，两人前臂相靠。接着右脚向后退步，身体向右转180度成右弓步，左手由左侧向右斜前下方摆拳，两人前臂相靠，右手由上向右身后摆拳。接着重心移至右脚，左脚上步向前点地，成左高虚步，同时左手向左斜上方摆拳，两人前臂相靠（图9-4—图9-6）。

3. 重心移至左脚，身体向右转180度成右高虚步，同时右脚提起向右踏步摆脚，右手向身后下方摆拳，两人前臂相靠，左手由上向左侧下方摆拳，双方背对。然后步型不变，右手又向右斜上方摆拳，两人前臂相靠，左手保持不变，双方背对背（图9-7、图9-8）。

4. 身体向右跳转180度，两手收至身体两侧成马步架拳（图9-9）。以上动作重复做4次。（注：最后1次动作完成后，双方跳转方向均朝正前方。）

图 9-1　　　　　图 9-2　　　　　图 9-3

图 9-4

图 9-5

图 9-6

图 9-7

图 9-8

图 9-9

第十式　收式

动作说明

　　马步架拳，左右两脚向中间略收一步，两手由两侧上举。然后经过胸前下按到腹前，指尖相对。接着两手向前上方抬手，到肩高时再往下按掌至腹前，接着两手向两侧上举，至肩高处再往下按掌至两腿侧。然后两手再向两侧上方举手，至头上后，再向下向内经胸前按掌于腹前，最后下放收至身体两侧，同时左脚收至右脚成并步站立（图10-1—图10-6）。

图 10-1

图 10-2

图 10-3

图 10-4　　　　　　图 10-5　　　　　　图 10-6

第二节　七星伴月

　　七星伴月是赵氏武术的一个基础功法套路，是赵氏武术双人对练的方法。进行七星伴月套路训练，对于三十六闭手及其他峨眉武术拳种的学习有着重要的作用。七星伴月是赵氏武术技击格斗的基础技能，长期练习对增强手臂力量、腰胯的旋转力量及格斗意识的形成具有重要作用。七星伴月可以双人对练，也可找树桩、木桩进行单人练习。本节动作示范：张宗禄、刘应凯。

预备式

两人相距一臂面对面站立，黑服者为甲，白服者为乙（图 2-1—图 2-3 ）。

1. 甲左脚向左迈步成左弓步，身体面向前方，右手由体侧向左划弧至身体中心处，击打乙的小臂，掌心向下，左掌由下向上立于右胸前，目视击打处。乙与甲的动作相同，位置相反（图 2-4 ）。

2. 甲右脚向左前方迈步点地成右高虚步，重心后移至左脚，左腿微屈，右手小臂以手肘为中心由下往上划弧至头部，击打乙的小臂，掌心向左，左掌立于右胸前，目视击打处。乙与甲的动作相同，位置相反（图 2-5 ）。

3. 甲右脚向右后撤步，撤回原位，同时右腿屈膝成右弓步，身体面向前方，左手由体侧向右上划弧至身体中心处，击打乙的小臂，掌心向下，右掌由上向左向下经胸前划弧，按掌于右膝盖上方，目视击打处。乙与甲的动作相同，位置相反（图 2-6 ）。

4. 甲左脚向右前方迈步点地成左高虚步，重心后移至右脚，右腿微屈，左手小臂以手肘为中心由下往上划弧至头部，击打乙的小臂，掌心向右，右掌向左划弧至左腹前，掌心向下，目视击打处。乙与甲的动作相同，位置相反（图 2-7 ）。

5. 甲左脚向左后撤步，撤回原位，同时左腿屈膝成左弓步，身体面向前方，右手向右再向左上划弧至头部，击打乙的小臂，左手向右向下，经胸前再向左划弧至左膝盖上方，掌心向下，目视击打处。乙与甲的动作相同，位置相反（图 2-8 ）。

6. 甲右脚向左前方迈步点地成右高虚步，重心后移至左脚，左腿微屈，右手小臂以手肘为中心由下往上划弧至头部，击打乙的小臂，左手向右移动至右肘下方，掌心向下，目视击打处。乙与甲的动作相同，位置相反（图2-9）。

7.甲两脚站在原地，左胯向左转动，重心放于右脚，成左高虚步，右腿微屈，双方背对，同时左手向左向后向下划弧，击打乙的小臂，掌心向下，右掌立于左胸前，目视击打处。乙与甲的动作相同，位置相反（图2-10）。

8.甲左脚向左后方撤步，右脚在原地随之转动，甲此时站在乙的起势位置。再练一遍，回到起势位置。乙与甲的动作相同，位置相反（图2-11—图2-17）。

收势：两人相距一臂，面对面站立，右脚收回，两手自然下垂贴于体侧，成并步站立姿势（图2-18—图2-20）。

图 2-1　　　　　　图 2-2　　　　　　图 2-3

图 2-4　　　　　　图 2-5　　　　　　图 2-6

图 2-7

图 2-8

图 2-9

图 2-10

图 2-11

图 2-12

图 2-13

图 2-14

图 2-15

图 2-16

图 2-17

图 2-18

图 2-19

图 2-20

第三章

赵氏武术的技击

武术的概念与定义，一直是近些年武术学界研究的热点，虽然大家对武术的定义各有不同，但是都认可武术的技击特性。武术运动除了套路之外，技击是其主要内涵。当前的中小学武术教学，以武术套路为主要课程内容，教授学生各类武术套路。传统武术与竞技武术的一个主要区别就是传统武术更加突出技击的特征。高中阶段学生对传统武术的学习，更倾向于技击部分。一方面，高中阶段学生学业十分繁重，要面对高考压力，所以高中的武术教学就要尽可能地简化，因此把传统武术中较为简单易学的技击内容作为教学核心内容，要更加具有针对性。另一方面，从高中学生下一阶段的发展目标来看，无论是迈进大学校门还是直接就业，最终都是要走进社会，在这种情况下，高中学生更多的是需要学习武术中的技击内容，以备防身之用。在赵氏武术中，踢、打、摔、拿等攻防技击动作的运用是核心，因此在高中阶段的赵氏武术教学中，选取几个简单实用的技击动作进行教学，既可以让学生掌握防身技能，也可以起到很好的强身健体的效果。本节动作示范：周林丰、张熙。

第一节　赵氏武术技击基本动作介绍

赵氏武术源于峨眉，但是在发展过程中不断吸收其他武学精髓，形成了自身独特的技击体系。在赵氏武术中，有羌子拳、踩腿等动作（图1-1—图1-6）。

图 1-1　踩腿

图 1-2　侧踹

图 1-3　上冲拳

图 1-4　柳叶掌

图 1-5　羌子拳

图 1-6　顶肘

第二节　赵氏武术的技击法详解

实用法之一

右裤腿有云纹者为甲，左裤腿有云纹者为乙，下同。

动作要领

1. 假设乙方两脚开立，从背后将甲方拦腰抱住，但未抱住双手。甲方转头回视乙方（图2-1）。

2. 甲方右脚向右侧开半，两手迅速由两侧向上抱住乙方头部后侧，目视乙方（图2-2）。

3. 甲方双脚突然向后动，同时低头弯腰，臀部猛向上顶乙方腹部，使乙方重心升高，借助双脚后动和抬臀、低头、弯腰所产生的爆发劲，将乙方从背后向前摔下（图2-3）。

要点：

甲方双手必须抓紧乙方后颈部，低头弯腰要快，臀部上顶要猛，臀部要紧贴乙方腹部，形成一个支点，这样才能起杠杆作用，轻易地将对方摔倒。

图 2-1   图 2-2   图 2-3

实用法之二

动作要领

1. 假设乙方两脚开立，两腿略中蹲，从背后将甲方连手拦腰抱住。甲方转头回视乙方（图 2-4）。

2. 甲方右脚向右侧开半步，两腿屈膝半蹲，低头弯腰，用双手抓住乙方右脚（图 2-5）。

3. 甲方突然上身直立向后下坐胯，同时双手将乙方右脚猛向上提，使乙方失重后倒，并目视乙方（图 2-6）。

要点：

甲方抓乙方右脚和向前上拖拉以及向下坐胯，要同时进行。

图 2-4

图 2-5

图 2-6

实用法之三

动作要领

1. 假设乙方以右腿踹击甲方腰部。甲方左手向后下划圆勾挂开乙方右腿，右手屈臂立掌置于左肩前护胸，目视乙方面部（图 2-7）。

2. 乙方右脚向前落地，同时急补右拳攻击甲方面部，左手屈臂护胸，目视甲方面部。甲方右手内旋倒腕，抓住乙方右手腕，左手由下向上屈臂封住乙方右肘关节，同时身体微向左侧拧转，左脚向左前伸至乙方右小腿胫骨处，目视乙方面部（图 2-8）。

3. 甲方身体猛然后转，随转体以左脚跟和小腿为力点，猛向后下杀脚，撞击乙方小腿胫骨，同时右手抓住乙方右手向右前牵带，左手以掌根为力点，猛砍击乙方右肩胛，使乙方失重倒地，并目视乙方（图 2-9）。

要点：

甲方牵手要猛，砍掌要快，杀脚要狠。挂手、杀脚、牵手、砍掌要在一瞬间同时完成，要借助拧腰、转胯产生的暴发劲将对方摔倒。

图 2-7

图 2-8

图 2-9

实用法之四

1. 假设乙方以右直拳攻击甲方胸部，左手屈臂护胸前，目视甲方（图 2-10）。

2. 甲方身体右拧，重心前移至左脚，右手回牵乙方右腕，左手封住乙方肩肘，同时随转体以右脚掌横踩乙方右膝，目视乙方面部（图 2-11）。

3. 若乙方身体左转，欲退步躲开甲方右脚，甲方则借乙方退势之机，猛力下踩乙方右膝，使乙方失去抵抗能力，并目视乙方面部（图 2-12）。

要点：

踩脚、牵手的动作要连贯快速，并借助踩脚、牵手时向右侧拧腰转胯的暴发劲使乙方就范。

图 2-10

图 2-11

图 2-12

实用法之五

1. 假设甲方右踩脚落空，即向前落地，同时以右手封住乙方右手，以左手反扇乙方左耳门，目视乙方。乙方左退步的同时，急以左手挡住甲方左掌，目视甲方（图 2-13）。

2. 乙方身体右转，左手变拳随转体直击甲方面门，目视甲方面部。甲方身体左转，左手随转体下滑封住乙方右拳，右手由下向前上格开乙方左拳，目视乙方（图 2-14）。

3. 甲方身体右转，迅速上左脚插进乙方裆内，两腿屈膝略弯，同时以左肩封住乙方左肘，左手由下向上穿过乙方左腋，抓住乙方右肩，右手下滑抓住乙方左腿，目视乙方肩部（图 2-15）。

4. 甲方两腿猛挺膝直立，身体前倾，同时右手抓住乙方左腿猛力上抬，左手猛向下压击乙方右肩，使乙方失重跌倒（图 2-16）。

要点：

牵手、封肘的动作要连贯快速，牵手时，向右侧拧腰转胯的暴发劲使乙方就范，封肘时要猛力下压。抱腿时要猛力上抬，使乙方失重跌倒。

图 2-13

图 2-14

图 2-15

图 2-16

实用法之六

动作要领

    1. 假设乙方右脚在前以右拳攻击甲方面部，左手屈臂护胸，目视甲方。甲方成半马步，左手下垂，右手屈臂护胸，目视乙方（图 2-17）。

    2. 甲方左脚稍向里收，两腿屈膝半蹲，同时身体向右侧拧转，右拳收抱于腰间，左手变拳随转体向上，格开乙方右拳，目视乙方（图

2-18）。

　　3. 甲方右脚向前上步，同时身体左转，左臂内旋向上架开乙方右拳，右拳随转体从腰间向前猛击乙方胸膛，拳眼向上，并目视乙方（图 2-19）。

　　要点：

　　甲方上步要绕边而入，左手上抬和右拳击胸要同时进行。

图 2-17　　　　　　　　　　　　图 2-18

图 2-19

实用法之七

1. 假设乙方左脚在前，同时急出右拳攻击甲方面门，左拳置于腰间，目视甲方。甲方站立不动（图2-20）。

2. 甲方屈膝略蹲，右脚脚跟提起，身体向右侧拧转，闪开乙方右拳，同时左手随转体由下向上格开乙方右拳，右手屈臂护胸，目视乙方（图2-21）。

3. 乙方双脚不动，右拳收回腰间，以左拳直击甲胸。甲方右脚向斜前方上半步，两腿屈膝略蹲，同时身体左转，左手屈臂收至腹前右手随转体由下向前上方外旋格挡乙方左拳，目视乙方（图2-22）。

4. 甲方右脚向前上半步，同时身体右转，右手向下刁腕，锁住乙方左拳，左掌随转体外旋前插，以指尖为力点猛戳乙方咽喉，或以掌根猛击乙方颈部，并目视乙方（图2-23）。

要点：

侧身挂手和上步叉手要快疾连贯，叉掌还可以换成八字掌，以拇指和食指掐击乙方咽喉。

图2-20

图2-21

图 2-22   图 2-23

实用法之八

1. 假设乙方两脚分开，两手从背后将甲方连手抱住。甲方两脚并立，目视乙方（图 2-24）。

2. 甲方右脚向后撤步插进乙方裆内，同时身体向右侧拧转，右手屈肘上提，以右肘猛击乙方下颚，左手屈肘上提至左肩侧，并目视乙方（图 2-25）。

3. 若乙方放手逃开，甲方则顺势将右手内旋倒腕，以右掌指尖反戳乙方咽喉，左手向左侧伸开，并目视乙方颈部（图 2-26）。

4. 假设乙方身体左转，左手格开甲方右掌，同时右拳随转体直击甲方胸部，并目视甲方（图 2-27）。

5. 甲方右脚尖外展，左脚尖里扣，身体向右后转体 180 度，同时右手随转体内旋封住乙方右手，左手屈臂向右穿出，以指尖为力点，猛戳乙方咽喉，并目视乙方颈部（图 2-28）。

要点：

甲方侧身顶肘、反戳和转身动作要连贯一致，要快狠猛疾，步步紧逼，不给对手以还击之机。

图 2-24 图 2-25 图 2-26

图 2-27 图 2-28

实用法之九

动作要领

1. 假设乙方右脚在前，右拳由腰间猛向前直击甲方胸部，目视甲方。甲方站立，目视乙方（图 2-29）。

2. 甲方身体右转，闪开乙方右拳，同时左脚向斜前上一步，左手随转体由下向上，屈臂外旋，以左小臂格开乙方右拳，并目视乙方

（图 2-30）。

3.甲方右脚向前上步，两腿屈膝略蹲成右虚步，同时身体左转，左手屈臂向下封住乙方右手，右拳随转体向前上方反劈乙方面部，并目视乙方（图 2-31）。

要点：

甲方侧身避让和上步反劈要快速、连贯。

图 2-29　　　　　　　　　　　图 2-30

图 2-31

实用法之十

1. 假设乙方右脚在前，以右横拳攻击甲方头部左侧，左手屈臂护于胸前，目视甲方。甲方成半马步，左手下垂，右手屈臂护胸，并目视乙方（图 2-32）。

2. 甲方左脚向左斜前方上一步，同时身体左转，左手屈臂内旋向上格开乙方右拳，右拳随转体猛向前狠击乙方胸部剑突处，并目视乙方胸部（图 2-33）。

3. 假设乙方右脚在前，以左横拳攻击甲方右耳。甲方则右脚尖外展，同时身体右拧，右拳随转体向上内旋格开乙方右拳，并目视乙方（图 2-34）。

4. 甲方右脚向前疾进半步，同时身体右转，右手内旋架开乙方左拳之势，左拳猛向前攻击乙方下颚，并目视乙方（图 2-35）。

要点：

左右挂手本是防守动作，但本拳种主张见空即打，遇隙即攻，不拘泥于形式，故在这里介绍了守中带打的方法。但必须注意，甲方左右的防守和攻击要同时进行方能见效。

图 2-32

图 2-33

图 2-34 图 2-35

实用法之十一

动作要领

1. 假设乙方身体左转，以右腿攻击甲方腹部。甲方左脚向前踏步，左手向下勾挂乙方右腿，右手屈臂上举于头右侧上方，并目视乙方（图 2-36）。

2. 甲方身体向左侧拧转，左手倒腕勾紧乙方右脚踝，同时右掌随转体猛向下劈击乙方膝关节，目视乙方右腿（图 2-37）。

要点：

甲方左手必须勾紧乙方右腿，这样才能形成一个支点，劈击时必须借助腰背的力量。勾挂和转身下劈要连贯快速，在一瞬间完成。

图 2-36   图 2-37

实用法之十二

1. 假设乙方身体左转，以右腿攻击甲方腹部。甲方向左侧身，躲过乙方右腿，速以左手勾挂住乙方右腿，同时右肘随身体左转，由上向下以肘尖猛击乙方右膝关节，并目视乙方（图 2-38）。

2. 若乙方右腿收回向后落地，同时急出右拳劈击甲方面部。甲方右脚向前上步，左手由下向上托住乙方右腕，同时右手猛力向前上方撩击乙方腹部，并目视乙方（图 2-39）。

要点：

甲方上步撩击和拧腰转胯要协调一致，上步最好插进乙方裆内，也可用虎爪抓击。

图 2-38 图 2-39

实用法之十三

动作要领

1. 假设乙方以右腿攻击甲方腹部。甲方两腿屈膝半蹲成丁步，同时身体向右侧拧转闪开乙方右腿，右手成勾手挂住乙方右腿，左手架于头左侧上方，目视乙方右腿（图 2-40 ）。

2. 乙方急收右脚，并向右后落地，急出右拳攻击甲方面部。甲方右脚向左前上步，脚尖外展，同时身体继续向右侧拧转，右手随转体内旋，由下向上以掌刃格挡乙方右拳，左手抱拳于腰间，并目视乙方面部（图 2-41 ）。

3. 甲方左脚向前上步，同时随着身体右转，左拳由下向上猛击乙方头部（图 2-42 ）。

要点：

甲方闪身避让要快，上步要绕边而入。甲方下挂、上挡和进击要连贯快速。

图 2-40

图 2-41

图 2-42

实用法之十四

动作要领

　　1. 假设乙方身体左转，以右腿踢击甲方腰部。甲方左脚尖外展向左侧跨步，同时身体向左侧拧转，右手随转体由上向下内旋格挡乙方右腿，左手屈臂护胸，目视乙方腿部（图 2-43）。

　　2. 甲方右手下挂格开乙方右脚后，重心移至右脚，身体猛向右转，右拳随转体由下向上外旋，反劈击乙方面门，左手屈臂护于胸前，目视乙方面部。乙方右脚向前落步，以右手架住甲方右拳，目视乙方（图

2-44）。

3.甲方两脚不动，身体猛右拧，左手随转体由下向上格开乙方右手，同时右拳收于腰间，目视乙方（图2-45）。

4.甲方两脚不动，身体猛然左转，左手封住乙方右腕，右手随转体由腰间向上猛戳乙方咽喉，或成八字掌以拇指和食指掐击乙方咽喉，目视乙方颈部（图2-46）。

要点：

甲方的下挂、上戳要借助腰部的力量。进步要快、要猛，戳咽喉（掐咽喉）要在一瞬间完成。

图 2-43

图 2-44

图 2-45

图 2-46

实用法之十五

1. 假设乙方右脚在前，同时以右拳直击甲方胸部（图 2-47）。

2. 甲方左脚后退半步，两腿屈膝半蹲成右虚步，同时身体右转，左手随转体由下向右上横撩，以前臂格开右拳，目视乙方（图 2-48）。

3. 乙方右脚向前进半步，左脚跟进半步，同时身体右转，左拳随转体击甲方胸部。甲方右脚后退半步，两腿半蹲成左虚步，同时身体左转，左手收回腰间，右手随转体由下向上外旋格开乙方左拳，目视乙方（图 2-49）。

4. 乙方继续追步向前，同时身体左转，左手收回，右拳随转体直击甲方胸部。甲方左脚向左斜前方消半步，同时身体向右侧拧转，侧身让过乙方右拳，左手封住乙方右肘，右脚随转体屈膝上顶，以膝尖猛击乙方胃部或裆部，目视乙方（图 2-50）。

要点：

甲方退步横撩格挡时，侧身和旋臂的动作要协调一致，周身要形成一个拧劲。消步转身避让和封肘、顶膝应三劲合一。

图 2-47

图 2-48

图 2—49   图 2—50

实用法之十六

动作要领

1. 假设乙方右脚在前，身体左转，右拳随转体向前击甲方胸部（图2-51）。

2. 甲方身体右转，左手向上锁住乙方右腕，同时右腿挺膝伸至乙方右腿外侧，目视乙方（图2-52）。

3. 甲方身体猛向左转，左手向后牵带乙方右手，右腿随转体猛向后横靠乙方右腿，同时右拳内旋向前猛圈击乙方颈部，使乙方倒地（图2-53）。

要点：

甲方在进攻时，靠腿要狠，转腰要猛，击腹或圈颈要快。三个动作要在一瞬间同时完成，不给对手以变势之机。

图 2-51 图 2-52

图 2-53

实用法之十七

动作要领

1. 假设乙方成右弓步，以右拳直击甲方胸部（图 2-54）。

2. 甲方左脚向斜前横跨一步，左手随上步转体由下向上外旋格开乙方右拳，目视乙方（图 2-55）。

3. 甲方右脚向前上步，插进乙方裆内，同时身体左转，右手随上步转体，由下经上再向前反手劈击乙方面门，力达拳背，并目视乙方（图 2-56）。

要点：

甲方闪身消步要快，封手劈击要狠，转身和上步劈打要连贯一致。

图 2-54

图 2-55

图 2-56

第四章

武术运动的

损伤及处理

第一节　赵氏武术教学中常见的运动损伤及原因分析

　　由于赵氏武术有其独特性，特别是高中阶段的教学中有技击对抗的内容，因此在学习练习时就会出现不同程度损伤的风险。在教学活动开始之前要让学生进行充分有效的热身。武术教师不仅要掌握武术技术，还要在运动损伤治疗方面有一定的研究，面对各种情况的运动损伤能及时处理，使学生受到的伤害降到最低。

1. 发生武术运动损伤的原因

　　武术运动损伤是指武术教学训练中发生的各种运动损伤。在教学过程中发生运动损伤是不可预知的，但我们可以减少运动损伤的发生，将运动损伤的影响降到最低。因此，了解武术运动损伤产生的原因、预防以及处置方法是十分必要的。

　　有关研究显示，由于赵氏武术运动有其独特的运动特点，容易引起多种伤病。造成损伤的主要原因是跳跃（包括翻腾动作），这几乎占了一半的比例，然后是压腿、踢腿、劈叉、坐盘、摆腿、腰功、下蹲、舞花、对练及其他。因此，武术运动的常见损伤部位是下肢和腰骶部，上肢较少见。常见损伤部位的发生率排列顺序由高到低为臀部、大腿、膝、腰骶、踝、小腿、脚。

由于没有及时对经常发生损伤的部位进行有效的训练和放松，运动损伤时常发生。同时，武术运动动作的多样性，造成损伤的部位和损伤的性质有许多不同。在武术教学中，发生率较高的损伤为肌肉拉伤（包括坐骨结节损伤）、关节韧带扭伤和劳损性损伤。劳损性损伤中最多见的是髌骨劳损和腰肌劳损两种。

2. 赵氏武术教学中常见的运动损伤

2.1 肌肉损伤

肌肉损伤除由直接外力作用引起肌肉挫伤外，主要是间接外力作用使肌肉发生拉伤。常见的拉伤部位是大腿后群肌、腰背肌、大腿内收肌等。肌肉损伤后，伤处疼痛、肿胀、压痛或痉挛，触之发硬。受伤的肌肉做主动收缩或被动拉长的动作时疼痛加重。

在赵氏武术运动中，最常见的肌肉损伤部位是腘绳肌、股四头肌和大腿内侧的肌肉，这是由于在热身运动中，准备活动做得不够充分，没有将身体的肌肉充分激活，在旋转发力过程中就容易出现肌肉拉伤。

因此，在赵氏武术教学中，老师都应该监督好每个学生，在热身的过程中，一定要充分做好关节韧带的拉伸准备活动，充分激活身体的每一块肌肉，使之处于运动的最佳状态。如果出现严重的肌肉拉伤，学生不要自己随意处理，应立即去就近的医院，或者找专业的康复治疗师进行治疗。另外，为了减少伤病的出现，应加强对学生的思想教育，要让学生充分意识到热身运动的重要性以及运动损伤的后果。

2.2　关节损伤

关节损伤指关节脱位、韧带损伤、开放性关节损伤等人体损伤，通常在练习武术中的高难度动作时造成。没有掌握动作技术要领和疲劳时练习高难度动作是出现关节损伤的一个重要原因。关节损伤包括枕颈（寰）关节损伤、掌骨关节损伤、四肢关节损伤等，治疗时应当仔细检查关节局部，以明确有无骨折及血管神经损伤。

最容易受伤的部位有膝关节、踝关节和肘关节。进行武术运动时，特别是在做一些难度动作时，需要学生做好关节保护。在教学过程中，需加强对学生下肢肌肉力量的训练，增加其对关节的稳定和保护作用。

如果出现了关节损伤，学生不要自己处理受伤部位，应立即去医院进行专业的治疗。若发生骨折，自行处理的后果很可能是加重受伤程度，导致二次受伤。

2.3　韧带损伤

韧带是连接骨与骨，较为明显的纤维组织，附着于骨的表面或与关节囊的外层融合，以加强关节的牢固性，避免关节损伤。当遭受暴力、产生非生理性活动，韧带被牵拉而超过其耐受力时，即会发生损伤。韧带部分损伤而未造成关节脱位趋势，称为挫伤。韧带本身完全断裂，也可能将其附着部位的骨质撕脱，从而形成潜在的关节脱位、半脱位乃至完全脱位。

最常见的韧带损伤是膝关节、踝关节的韧带损伤。由于武术运动的特点，踝关节跟膝关节周边的韧带容易出现劳损，即长时间运动造成的韧带损伤。

第二节　赵氏武术教学中的意外损伤与防护

由于普通高中生大多以前没有专业运动经历，对武术运动也缺乏相关认识，所以在赵氏武术教学中，教师与学生对于可能出现的运动损伤需要掌握足够的预防和保护措施。

1. 增强保护措施，积极开展预防损伤的宣传教育工作

要进行更加全面的热身运动训练，使身体处于最佳的运动状态，在训练时要加强容易受伤以及相对薄弱部位的训练，提高身体机能，积极主动地预防伤病。

2. 加强医务监督

在赵氏武术教学中，应健全学生的自我监督，并利用运动损伤医学的方法，对武术教学进行观察指导，以保持学生的健康、增强技术水平为目的。因此，在教学过程中应加强医务监督，更好地保护学

生。如果出现头痛、恶心、呕吐等症状，应立即就医治疗。

学生自身也要学习医务监督的相关知识，进行自我监督，根据自身的实际情况调整训练量，以免造成不必要的伤病。

3.掌握正确的武术技术和练习方法

在武术运动中，受伤的一个重要原因是高中生自身的技术不够成熟，尤其是训练技巧。如果训练技巧掌握不够而盲目地训练，受伤的概率就会增加。只有加强自身的技巧训练，才能在武术运动中避免伤病。另外要注意的是活动量要适度，尤其是运动器官的局部负担和伤后的恢复训练，要防止训练强度过重。同时课后充分放松，让身体疲劳得到有效缓解也是减少运动损伤的一个重要环节。

总而言之，武术运动虽然动作多样，训练难度较大，但与其他运动相比，武术运动的受伤率并不高。因此，我们只要多加注意，采取相应的保护措施，就可以减少伤病的发生。

附　录

赵氏武术课程内容设计与考核评价方式

第一节　赵氏武术课程教学总体目标

赵氏武术教学以育人为本，配合德育、智育和美育，促进高中学生身心全面发展，为祖国培养社会主义建设者和接班人做准备。

1. 全面锻炼身体，促进学生身心健康

增强高中学生健康的体魄，提高其运动能力，增强其体质；促进高中学生身体形态、生理机能的发展，提高高中学生对社会的适应性及应变能力；促进高中学生的健康，提高其抵御疾病的能力。

促进高中学生身心健康发展，提高身体素质和心理承受能力。

2. 掌握赵氏武术的基础理论知识及基本技能，提高学生综合素质，为终身体育运动奠定基础

满足高中学生对武术知识的需求，使学生懂得武术在个人发展中的意义与作用，以及武术文化在现代生活中的价值，养成健康的生活方式和行为习惯。

让学生认识到健康在人的生存与发展中的重要意义，掌握武术运动作为锻炼身体的方式，并用其增强身体健康。

在参与赵氏武术的练习中，学会科学的健身方法和技能，积极参与团队的活动和比赛。

促进学生能力的全面发展，要求学生能够运用所学的武术知识、技能，自主地锻炼身体，并进行自我调控、自我检测和自我评价。

3. 对学生进行体育价值观和思想品德教育

在理论与实践学习中，要求学生形成正确的体育价值观，受到爱国主义、集体主义教育，从而培养良好的社会公德，并树立健康第一的思想，能够把健康与生存、学习和生活及自身的可持续发展联系起来，提高对武术文化知识的兴趣，积极主动地参与赵氏武术学习，养成良好的锻炼习惯。

发挥学生的主体意识和创造性，在学习活动中，为学生的个性发展提供表现个人才能的机会。针对赵氏武术的特点培养顽强拼搏、主动迎接困难和克服困难的心理素质和意志品格。加强人际交往，正确处理好人际关系，培养团队精神，正确对待个人和集体、成功和失败，胜不骄、败不馁，能够与同学友好相处。

第二节　赵氏武术课程考核内容及评价标准

1. 课程性质

传统武术是我国特有的民族体育项目。武术起源于生产劳动，发展于民间，所以武术在我国具有广泛而深厚的群众基础，是我国人民非常喜欢的体育项目。多年来经过多方努力，武术已经走出国门迈向世界，成为世界人民的武术。同时武术也是中小学体育教学的一个重要组成部分，在中小学的体育教学中占有重要地位。

2. 教学目的

遵循党的教育方针，加强对学生的政治思想教育，注重培养武德，把武德教育贯穿于教学中，努力把学生培养成有文化、有道德、有技术、有思想、有强烈事业感的武术文化传承人。

通过赵氏武术的教学、训练和观摩比赛，高中学生能够系统地掌握赵氏武术的理论知识、基本技术和技能。

培养高中学生吃苦耐劳和顽强拼搏的意志品质，通过学习训练使学生完全掌握赵氏武术的基础理论知识和拳法，并具备一定的表演和参加各类比赛的能力。让学生能够在学习赵氏武术的过程中身心得到全面健康的发展，养成终身体育锻炼的习惯，并传承我国传统武术文化及重庆地方性文化。

通过理论讲授、技术教学、查阅资料、分组练习、组织比赛等形式的教学，培养学生的自学和实践能力。

3. 课程内容与基本要求

3.1　赵子虬生平（略）

3.2　赵子虬武侠精神及武德文化（略）

3.3 赵氏武术的套路

3.3.1 巴渝武术操

3.3.2 七星伴月

3.4 赵氏武术的功法与技击

3.4.1 赵氏武术功法习练

3.4.2 赵氏武术的技击学习

3.5 武术运动的损伤及处理（略）

4. 教学时数分配

教学时数分配表

教学内容		学时分配			
		讲课	实验实践	小计	所占比例（%）
理论篇	赵子虬生平简介	1		4	5
	赵子虬武侠精神	1			
	赵氏武术教学（含电视教学）	1			
	武术运动的损伤及处理	1			
实践篇	巴渝武术操		19	76	95
	七星伴月		19		
	赵氏武术功法习练		19		
	赵氏武术的技击学习		19		
合计（学时数）		80		100	

5. 赵氏武术综合性评价及教学方式（理论讲授、实践教学与实习、讲授与观摩、录像欣赏）

教学分类	教学内容	评价要点	评价建议	建议权重（%）
理论篇	赵子虬生平	学生对赵子虬先生个人习武经历的了解情况	教师在教学活动中对学生掌握的赵子虬先生个人习武经历进行评价	5
	赵子虬武侠精神及武德文化	学生对赵子虬先生武侠精神及武德文化的了解情况	教师在教学活动中对学生掌握的赵子虬先生武侠精神和武德文化进行评价	5
	赵氏武术中常见的运动损伤	学生对赵氏武术学习中常见运动损伤的掌握情况	教师对学生掌握的赵氏武术常见运动损伤情况进行评价	5
	赵氏武术的意外损伤与防护	学生对赵氏武术学习中意外损伤及防护处理的掌握情况	教师对学生掌握赵氏武术教学中意外损伤及防护措施进行评价	5
实践篇	巴渝武术操	技能：1.掌握巴渝武术操动作名称和专业术语 2.掌握巴渝武术操内容、特点、作用 3.掌握巴渝武术操动作的攻防含义 体能：在练习过程中提高学生的速度、柔韧性、力量、协调性等身体素质的全面发展能力	教师对学生掌握巴渝武术操的内容、专业术语、武术动作、攻防含义、整套动作的演练熟练程度等进行评价	20

教学分类	教学内容	评价要点	评价建议	建议权重（%）
实践篇	七星伴月	技能：学生对七星伴月攻防动作攻防含义的掌握 体能：学生通过练习提高对抗性的能力	教师对学生掌握的七星伴月攻防动作攻防含义进行评价	20
	赵氏武术功法习练	技能：学生对赵氏武术功法要领的掌握情况 体能：在练习过程中增加学生的功力方面的技能	教师对学生掌握的赵氏武术基本功法方面进行评价	20
	赵氏武术的技击学习	技能：学生对赵氏武术技击的掌握情况 在练习过程中提高学生的技击使用能力	教师对学生的赵氏武术技击运用综合能力总体评价	20

6. 考试方式及其要求

6.1 考试方式：技术考试和基础理论知识。

6.2 考试要求：技术考试采用教考分离的方式。

6.3 成绩评定：技术占总成绩的 80％（赵氏武术套路 40%、赵氏武术功法与技击 40%）和基础理论知识占总成绩的 20%。

技术考试评分标准

项目	得分	评分标准	备注
赵氏武术套路（40%）	60~70 分	学生能够基本完成整套动作的演练，动作基本规范	
	71~80 分	学生能够熟练地完成整套动作的演练，动作比较规范	
	81~90 分	学生能够熟练地完成整套动作的演练，动作比较规范，手眼身法步配合协调	
	91~100 分	学生能够熟练地完成整套动作的演练，动作比较规范，手眼身法步配合协调，功力和演练技巧能够充分展现	
赵氏武术功法与技击（40%）	60~70 分	学生能够基本掌握赵氏武术的功法与技法，动作基本正确	
	71~80 分	学生能够熟练地掌握赵氏武术的功法与技法，动作比较规范	
	81~90 分	学生能够熟练地掌握赵氏武术的功法与技法，且在实战中能够基本熟练应用	
	91~100 分	学生能够熟练地掌握赵氏武术的功法与技法，且在实战中能够熟练应用	

主要参考文献

[1] 赵幼生 . 巴渝武术 [M]. 重庆：西南师范大学出版社，2012.

[2] 蔡仲林，周之华 . 武术 [M].3 版 . 北京：高等教育出版社，2015.

[3] 四川省武术遗产挖掘整理组，四川省体育运动委员会 . 四川武术
大全 [M]. 成都：四川科学技术出版社，1987.

[4] 四川省武术协会 . 峨眉武术史略 [M]. 北京：人民体育出版社，
2017.

[5] 重庆市体育运动委员会 . 重庆武术志 [M]. 重庆：重庆出版社，
1993.

[6] 冉学东，吴必强 . 抗战"陪都"时期巴渝武术考 [J]. 成都体育学院
学报，2003（1）:69-72.

[7] 徐泉森 . 地方性拳种的非物质文化遗产保护研究——以重庆地区
为例 [J]. 福建体育科技，2015，34（2）:7-9.